CONTENTS

This book was approved by Colbie Caillat

Cover photo by Josh Newton & Christianne Taylor

Cherry Lane Music Company
Director of Publications/Project Editor: Mark Phillips

ISBN: 978-1-60378-407-8

Visit our website at www.cherrylaneprint.com

All of You

Words and Music by
Colbie Caillat and Jason Reeves

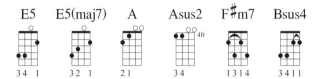

E5   E5(maj7)   A   Asus2   F#m7   Bsus4

Intro

E5   E5(maj7) |E5   E5(maj7) |A   Asus2 |A   Asus2 |

E5   E5(maj7) |E5   E5(maj7) |A   Asus2 |A   Asus2   ‖

Verse 1

E5   E5(maj7) |E5   E5(maj7) |A   Asus2
          I know that I was wrong

       |A   Asus2 |E5   E5(maj7)
When I read   your letter,

 |E5   E5(maj7) |A   Asus2
But I just had to know

    |A   Asus2 |E5   E5(maj7)
If you   still miss her

   |E5   E5(maj7) |A   Asus2
'Cause you feel far away

    |A   Asus2 |E5   E5(maj7)
When   I kiss you.

   |E5   E5(maj7) |A   Asus2
And every word you say

    |A   Asus2 |F#m7 |
Sounds   so confused.

F#m7 |Asus2
I don't want to hold you

 |Asus2   Bsus4   ‖
If you don't want to stay.

Chorus 1

E5 |E5(maj7)
Tell me everything, tell me every little thing
   |Asus2 |
And I won't run away, no matter what you say.
 |E5 |E5(maj7)
I wanna hear your heart, every single beating part,
  |Asus2 |F♯m7
The good and the bad. I swear I won't be mad.
   |Asus2 |Bsus4 |E5 E5(maj7) |
It's you I want, just all of you,
E5 E5(maj7) |A Asus2 |A Asus2   ‖
You,   you.

Verse 2

E5 E5(maj7) |E5   E5(maj7) |A Asus2
           No matter what I'm feeling
 |A   Asus2 |E5 E5(maj7)
I wont hide it.
   |E5   E5(maj7) |A Asus2
And know that you can tell me
  |A   Asus2 |F♯m7
Ev - 'ry secret.
   |F♯m7 |Asus2 |
'Cause I'm no good at guessing.
Bsus4   ‖
I just need to know.

Chorus 2

E5 |E5(maj7)

Tell me everything, tell me every little thing

     |Asus2

And I won't run away, no matter what you say.

  |E5 |E5(maj7)

I wanna hear your heart, every single beating part,

    |Asus2 |F♯m7

The good and the bad. I swear I won't be mad.

    |Asus2 |Bsus4

It's you I want, just all of you.

Bridge

Asus2

            I love you.

Bsus4

            I love you.

Asus2 |Bsus4

            I love you.   So

```
                        E5                              E5(maj7)
Chorus 3        tell me everything, tell me every little thing
                        Asus2                   |
                And I won't run away, no matter what you say.
                        E5                          E5(maj7)
                I wanna hear your heart, every single beating part,
                        Asus2               F♯m7
                The good and the bad. I swear I won't be mad.
                        Asus2           Bsus4
                It's you I want, just all of...
                        Asus2           Bsus4       |
                It's you I want, just all of you,

                E5   E5(maj7)   E5   E5(maj7)   A   Asus2   A   Asus2       |
                                You,            you.

                E5   E5(maj7)   E5   E5(maj7)   A   Asus2   A   Asus2       |
                You,            you,            you.

                E5   E5(maj7)   E5   E5(maj7)   A   Asus2   A   Asus2       |
                You,            you,            you,            you.

                E5   E5(maj7)   E5   E5(maj7)   A   Asus2   A   Asus2   E5      ||
                You,            you,            you,            you.
```

Before I Let You Go

Words and Music by
Colbie Caillat and Rick Nowels

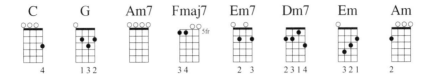

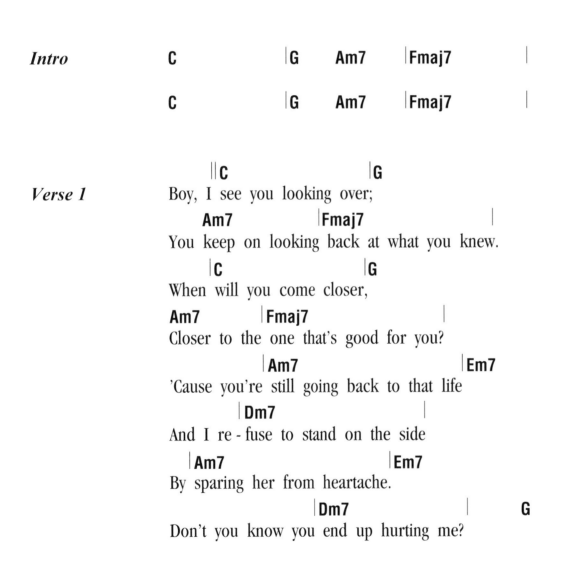

Intro

C | G Am7 | Fmaj7 | |

C | G Am7 | Fmaj7 |

Verse 1

‖C | G

Boy, I see you looking over;

Am7 | Fmaj7 |

You keep on looking back at what you knew.

| C | G

When will you come closer,

Am7 | Fmaj7 |

Closer to the one that's good for you?

| Am7 | Em7

'Cause you're still going back to that life

| Dm7 |

And I re - fuse to stand on the side

| Am7 | Em7

By sparing her from heartache.

| Dm7 | G

Don't you know you end up hurting me?

Chorus 1

‖**C**
I see your head spinning right around.

   |G   **Am7** |
She makes you fall hard and hit the ground.

Fmaj7
When you ever gonna let her go?

 |Fmaj7 |
I see the way that she breaks you so.

C
All I'm asking is for you, please,

 |G   **Am7** |
To take control and be set free.

Fmaj7 |
Make the space so we can grow.

Fmaj7   **|C**
Save us before I let you go.

      |G   **Am7**   **|Fmaj7** |
Ooh, woh.   Ooh, woh.

Verse 2

‖**C**   **|G**
So you say this will get better.

Am7   **|Fmaj7** |
Better for you, her, or me?

     |C   **|G**
Well, I don't know what to tell ya.

   Am7   **|Fmaj7** |
It's not my fault that I don't believe.

       |Am7   **|Em7**
'Cause you're still so stuck in that life

       |Dm7 |
And I re‑fuse to stay on this ride.

     |Am7   **|Em7**
'Cause we're going 'round in circles.

       |Dm7 | **G**
Aren't you tired of never having peace?

Chorus 2

‖C
I see your head spinning right around.

| G   Am7 |
She makes you fall hard and hit the ground.

Fmaj7
When you ever gonna let her go?

| Fmaj7 |
I see the way that she breaks you so.

C
All I'm asking is for you, please,

| G   Am7 |
To take control and be set free.

Fmaj7 |
Make the space so we can grow.

Fmaj7   ‖
Save us before I let you go.

Bridge

Em | Am |
I have been waiting for you to change this,

Dm7 | G
But it has taken too long,

| Em | Am
So I can't keep waiting; I've got to change this.

| Dm7 | G
It's hard for me to have to be so strong.

Repeat Chorus 2 (2x)

Outro

C |G   Am7 |Fmaj7
Baby, I, baby, I, baby, I, ba - by, I don't wanna let you go.

      |Fmaj7 |
I don't wanna let you go.

C |G   Am7 |Fmaj7
Baby, I, baby, I, baby, I, ba - by, I don't wanna let you go.

      |Fmaj7 |
I don't wanna let you go.

C |G Am7 |Fmaj7
 Oh, no.   Oh, no.

 |Fmaj7 |C ||
No, I don't ever wanna let you go.

Begin Again

Words and Music by
Colbie Caillat, Jason Reeves and Kara DioGuardi

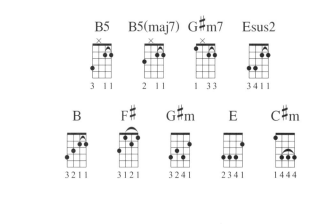

Intro

B5　　　|B5(maj7)　　|G♯m7　　　|Esus2　　　|

B5　　　|B5(maj7)　　|G♯m7　　　|Esus2　　　||

Verse 1

　　G5　　|B5(maj7)　　　　|G♯m7
　　　　I can't get you out of the sunlight.

|Esus2　　　　　　|B5
I can't get you out of the rain.

|B5(maj7)　　　　　|G♯m7
I can't get you back to that one time

　　|Esus2　　　　　||G♯m7
'Cause you and me are still recover - ing.

Pre-Chorus

　　　|B5(maj7)　|Esus2
So let's just try to cool it down;

　　　|Esus2　　　　B　　|G♯m7
The fight　-　ing is feed - ing the flames.

　　　|B5(maj7)　|Esus2
So let's just try to slow it down;

　　　|Esus2　　　　|F♯　　　|
We crash　　　when we race.

Chorus 1

||**B** |**F♯** |**G♯m**
Oh, this is not the way that it should end. It's the way it should be - gin,

|**E**
It's the way it should be - gin again.

|**B** |**F♯** |**G♯m**
No, I never wanna fall a - part, never wanna break your heart,

|**E**
Never wanna let you break my own.

|**B** |**F♯** |**G♯m**
Yes, I know we've said a lot of things that we probably didn't mean,

|**E**
But it's not too late to take them back.

|**B** |**F♯** |**G♯m**
So, before you say you're gonna go, I should probably let you know

|**E** |
That I never knew what I had.

B |**F♯** |**G♯m** |**E** ||
I never knew what I had.

Verse 2

B5 |**B5(maj7)** |**G♯m7**
See, I look for you in the morning

|**Esus2** |**B5**
'Cause that's where my mind always goes.

|**B5(maj7)** |**G♯m7**
And I can't wait to get to the evening

|**Esus2** ||**G♯m7**
'Cause that's when I want you the most.

Repeat Pre-Chorus

Repeat Chorus 1

Bridge

G♯m |F♯ |Esus2
     But I know it now.

|Esus2 |G♯m
I wish I would've known before

       |F♯ |Esus2 | |
How good   we were.

C♯m |G♯m |F♯
   Is it too late   to come back,

 |F♯ |C♯m
Or is it's really over?

   |G♯m |F♯ |
And if it's really over,

Chorus 2

     ‖B |F♯ |G♯m
Then this   is not the way that it should end. It's the way it should be - gin,

              |E
It's the way it should be - gin again.

 |B |F♯ |G♯m
No,   I never wanna fall a - part, never wanna break your heart,

          |E
Never wanna let you break my own.

 |B |F♯ |G♯m
Yes,   I know we've said a lot of things that we probably didn't mean,

         |E
But it's not too late to take them back.

 |B |F♯ |G♯m
So,   before you say you're gonna go, I should probably let you know

        |E |
That I never knew what I had.

B |F♯ |
   I never knew what I had.

G♯m |E |
   I never knew what I had.

B |F♯ |
   I never knew what I had.

G♯m |E   ‖
   I never knew what I had.

Outro

```
        B              |F♯        |G♯m       |E
            I never knew what I had.
                         |B             |F♯        |G♯m       |E          |
But I'm telling you    I never knew what I had.
        B          |F♯        |G♯m       |E          |
            I never knew what I had.
        B              |F♯        |G♯m       |E          |B          ||
            I never knew what I had.
```

Breathe

Words and Music by
Taylor Swift and Colbie Caillat

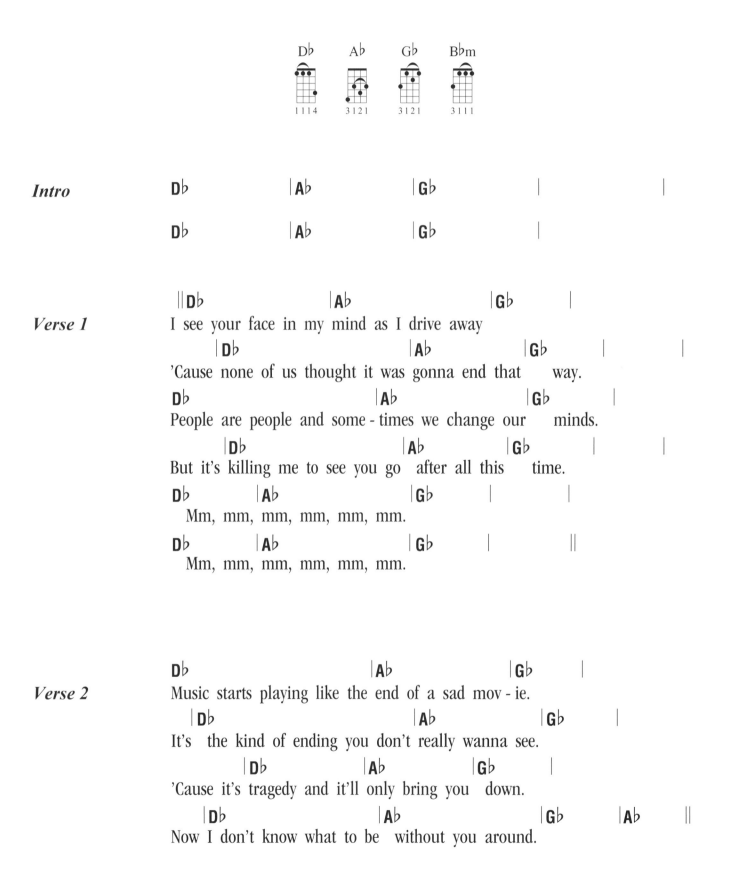

Intro

Db | Ab | Gb | |

Db | Ab | Gb |

Verse 1

|| Db | Ab | Gb |

I see your face in my mind as I drive away

| Db | Ab | Gb | |

'Cause none of us thought it was gonna end that way.

Db | Ab | Gb |

People are people and some - times we change our minds.

| Db | Ab | Gb | |

But it's killing me to see you go after all this time.

Db | Ab | Gb | |

Mm, mm, mm, mm, mm, mm.

Db | Ab | Gb | ||

Mm, mm, mm, mm, mm, mm.

Verse 2

Db | Ab | Gb |

Music starts playing like the end of a sad mov - ie.

| Db | Ab | Gb |

It's the kind of ending you don't really wanna see.

| Db | Ab | Gb |

'Cause it's tragedy and it'll only bring you down.

| Db | Ab | Gb | Ab ||

Now I don't know what to be without you around.

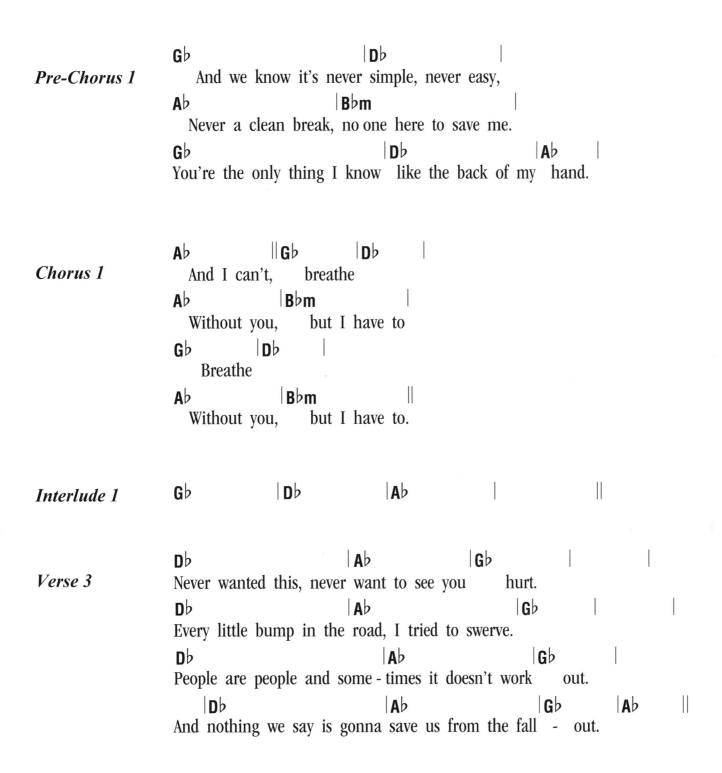

Pre-Chorus 1

Gb |Db |
And we know it's never simple, never easy,

Ab |Bbm |
Never a clean break, no one here to save me.

Gb |Db |Ab |
You're the only thing I know   like the back of my   hand.

Chorus 1

Ab   ‖Gb |Db |
And I can't,   breathe

Ab |Bbm |
Without you,   but I have to

Gb |Db |
Breathe

Ab |Bbm   ‖
Without you,   but I have to.

Interlude 1   Gb |Db |Ab | ‖

Verse 3

Db |Ab |Gb | |
Never wanted this, never want to see you   hurt.

Db |Ab |Gb | |
Every little bump in the road, I tried to swerve.

Db |Ab |Gb |
People are people and some - times it doesn't work   out.

|Db |Ab |Gb |Ab   ‖
And nothing we say is gonna save us from the fall - out.

Repeat Pre-Chorus 1

Repeat Chorus 1

Interlude 2   G♭ | D♭ | A♭ | B♭m |

G♭ | D♭ | A♭ |

Bridge

‖ B♭m | | G♭ |

It's two A.M.,   feeling like I just lost a friend.

G♭ | D♭ |

   Hope you know it's not easy,

D♭ | A♭ |

Easy for me.

| B♭m | | G♭ |

It's two A.M.,   feeling like I just lost a friend.

G♭ | D♭ |

   Hope you know it's not easy,

D♭ | A♭ | ‖

Easy for me.

Pre-Chorus 2

G♭ | D♭ |

   And we know it's never simple, never easy,

A♭ | B♭m | G♭ | D♭

  Never a clean break, no one here to save   me.

| A♭ |

Oh,

Chorus 2

A♭ ‖**G♭** |**D♭** |
   I can't,   breathe

A♭ |**B♭m** |
  Without you,   but I have to

G♭ |**D♭** |
   Breathe

A♭ |**B♭m** |
  Without you,   but I have to

G♭ |**D♭** |
   Breathe

A♭ |**B♭m** |**G♭** |**D♭** |**A♭** | ‖
  Without you,   but I have to.

Outro

G♭ |**D♭** |**A♭** |**B♭m** |
  Sorry, sorry sorry,   sorry,

G♭ |**D♭** |**A♭** | |**G♭** ‖
  Sorry,   sorry,   sorry.

Brighter Than the Sun

Words and Music by
Colbie Caillat and Ryan Tedder

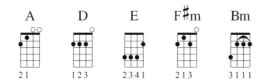

Intro   A   D |A   D |A   D |A   D

Verse 1   ‖A
              Stopped me on the corner.
                              |D
              I swear you hit me like a vision
                          |A
              I, I, I wasn't ex - pecting,
                      |E |A
              But who am I   to tell fate where it's supposed to go with it.
                              |D
              Don't you blink; you might miss it.
                          |A
              See, we got a right to just love it or leave it.
                              |E   ‖
              You find it and keep it 'cause it ain't every day you get the chance to say…

Chorus 1

| A | | D | | A |

Oh, this is how it starts.   Lightning strikes the heart;

| E | |

It goes off like a gun,   brighter than the sun.

| A | | D | | F♯m |

Oh, it could be the stars   falling from the sky,

| E |

Shining how we want,

Tacet |A   D |A   D

Brighter than the sun.

Verse 2

‖ A

I never seen it,

| D

But I found this love; I'm gonna feed it.

| A

You better believe I'm gonna treat it

| E | |

Better than anything I've ev - er had 'cause you're so damn beautiful.

A | D

Read it; it's signed and delivered. Let's seal it,

| A

For we go together like peanuts and Pay-Days, Marley and reggae,

| E ‖

And everybody needs to get a chance to say…

                      A |D |A
Chorus 2   Oh, this is how it starts.   Lightning strikes the heart;
                                                |E |
               It goes off like a gun,   brighter than the sun.
                      A |D |F♯m
               Oh, it could be the stars   falling from the sky,
                                                |E
               Shining how we want,
               Tacet |A   D |A   D ||
               Brighter than the sun.

                      F♯m |D |
Bridge 1   Everything is like a whiteout,   'cause we shick-a, shick-a shine down,
                 A |E |
                    Even when the, when the light's out,   but I can see you glow.
                 F♯m |D |
                    Got my head up in the rafters.   Got me happy ever after.
                 Bm | D ||
                    Never felt this way before.   Ain't felt this way before.

                      Tacet |
Verse 3   Swear you hit me like a vision
                                                |
               I, I, I wasn't ex - pecting,
                                      | ||
               But who am I   to tell fate where it's supposed to go.

20

Chorus 3

A |D |A
Oh, this is how it starts.   Lightning strikes the heart;
                              |E |
It goes off like a gun, brighter than the sun.
A |D |F♯m
Oh, we could be the stars falling from the sky,
                           |E
Shining how we want,
Tacet ||
Brighter than the sun.

Repeat Chorus 3

Bridge 2

A   D |
Brighter than the sun.
A   D |
Brighter than the sun.
A   D |
Brighter than the sun.
A |D |A |E ||

Outro

```
A                          |D                              |F♯m
```
Oh, this is how it starts.   Lightning strikes the heart;
```
                    |E                        |
```
Goes off like a gun,   brighter than the sun.
```
A                          |D                              |A
```
Oh, this is how it starts.   Lightning strikes the heart;
```
                    |E                        |
```
Goes off like a gun,   brighter than the sun.
```
A                          |D                              |F♯m
```
Oh, this is how it starts.   Lightning strikes the heart;
```
                    |E                        |
```
Goes off like a gun,   brighter than the sun.
```
A                          |D                              |A
```
Oh, this is how it starts.   Lightning strikes the heart;
```
                   |E  Tacet                    ||
```
Goes off like a gun,   brighter than the sun.

Bubbly

Words and Music by
Colbie Caillat and Jason Reeves

A   Amaj7 Dsus2   D   Eadd4 Bm7   D6

Intro

A |Amaj7 |Dsus2 |A |

A |Amaj7 |Dsus2 |A ||

Verse 1

A |Amaj7 |
I've been awake for a while now.
Dsus2 |A |
You've got me feelin' like a child now.
A |Amaj7 |
'Cause every time I see your bubbly face,
Dsus2 |A
I get the tinglies in a silly place.

Chorus 1

          ||A |Amaj7
It starts in my toes and I crinkle my nose.
            |Dsus2 |A
Wherever it goes,   I always know
                |A |Amaj7
That you make me smile. Please stay for a while   now.
              |Dsus2 |A ||
Just take your time   wherever you go.

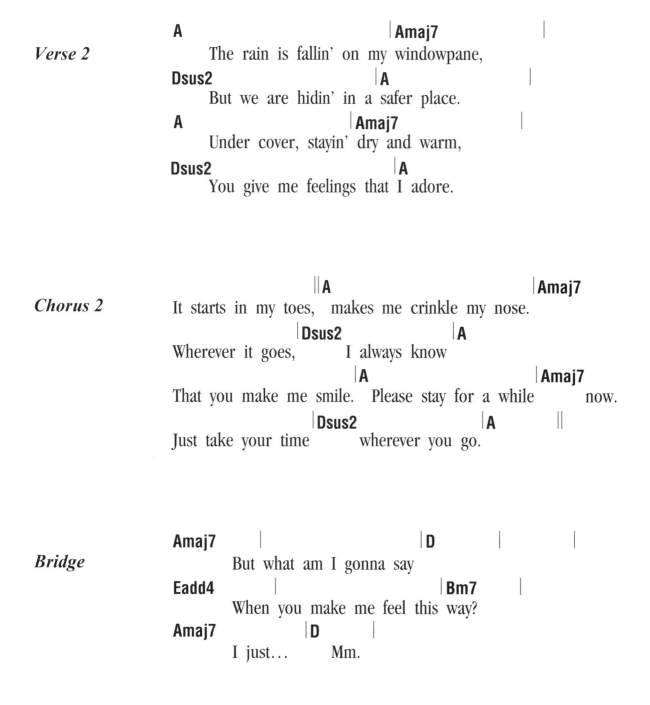

Verse 2

   A |Amaj7 |
    The rain is fallin' on my windowpane,
Dsus2 |A |
    But we are hidin' in a safer place.
A |Amaj7 |
    Under cover, stayin' dry and warm,
Dsus2 |A
    You give me feelings that I adore.

Chorus 2

        ||A |Amaj7
It starts in my toes, makes me crinkle my nose.
       |Dsus2 |A
Wherever it goes,   I always know
         |A |Amaj7
That you make me smile. Please stay for a while   now.
       |Dsus2 |A ||
Just take your time wherever you go.

Bridge

Amaj7 | |D | |
    But what am I gonna say
Eadd4 | |Bm7 |
    When you make me feel this way?
Amaj7 |D |
    I just…   Mm.

Repeat Chorus 2

Repeat Intro (with scat singing)

Verse 3

    A |**Amaj7** |
I've been asleep for a while now.

Dsus2 |**A** |
You tuck me in just like a child now.

A |**Amaj7** |
'Cause every time you hold me in your arms,

Dsus2 |**A**
I'm comfortable enough to feel your warmth.

Chorus 3

                    ||**A** |**Amaj7**
It starts in my soul and I lose all control.

                 |**Dsus2** |**A**
When you kiss my nose,   the feeling shows

                      |**A** |**Amaj7**
'Cause you make me smile. Baby, just take your time   now,

           |**Dsus2** |**A**
Holdin' me tight.

Outro

          ||**A** |**Amaj7** |**D6** |**A**
Wher - ever, wher - ever, wher - ever you go.

          |**A** |**Amaj7** |**D6** |**A** |
Wher - ever, wher - ever, wher - ever you go.

A |**Amaj7** |
 Ooh, wherev - er you go,

D6 |**A** |
 I always know.

A |**Amaj7**
 'Cause you make me smile,

          |**D6** |**A** ||
Even just for a while.

Droplets

Words and Music by
Colbie Caillat and Jason Reeves

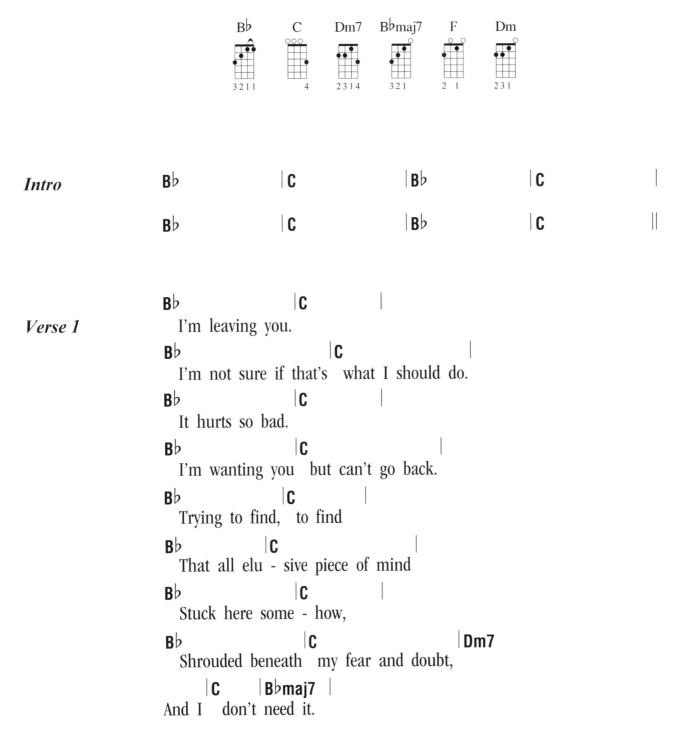

Intro

|Bb |C |Bb |C |
|Bb |C |Bb |C ||

Verse 1

Bb |C |
I'm leaving you.

Bb |C |
I'm not sure if that's   what I should do.

Bb |C |
It hurts so bad.

Bb |C |
I'm wanting you   but can't go back.

Bb |C |
Trying to find,   to find

Bb |C |
That all elu - sive piece of mind

Bb |C |
Stuck here some - how,

Bb |C |Dm7
Shrouded beneath   my fear and doubt,

      |C |Bbmaj7 |
And I   don't need it.

Chorus 1

|| **F** | **C**
'Cause I'm walkin down this road   alone

    | **Dm7** | **B♭** | **F**
And I fig - ured all I'm think - ing 'bout is you,

    | **C** | **Dm7** | **B♭**
Is you,   my love.

    | **F** | **C** |
My head is in a cloud   of rain, and the world,

Dm7 | **B♭** | **F**
  It seems so far   away, and I'm

  | **C** | **Dm7**
Just waiting to fall

    | **B♭** | | ||
In drop - lets, drop - lets.

Verse 2

B♭ | **C** |
  Well, you left a mark

B♭ | **C** |
  And I wear it proud - ly on my chest

B♭ | **C** |
  Above my heart

B♭ | **C** |
  To remind me that I feel the best

B♭ | **C** |
  When I'm with you.

B♭ | **C** |
  And everything is effortless;

B♭ | **C** |
  You know it's true.

B♭ | **C** | **Dm7**
  My eyes are painted with regret,

   | **C** | **B♭maj7** |
And I   don't need it.

Chorus 2

    ‖F |C
'Cause I'm walkin down this road alone

    |Dm7 |B♭ |F
And I fig - ured all I'm think - ing 'bout is you,

   |C |Dm7 |B♭
Is you, my love.

  |F |C |
My head is in a cloud of rain, and the world,

Dm7 |B♭ |F
 It seems so far away, and I'm

 |C |Dm7
Just waiting to fall

   |B♭ |Dm |B♭ |F
And sink into your skin.

  |C |Dm
You are like the rain - drops,

   |B♭ |F |C | | ‖
The rain - drops falling down on me.

Outro

 B♭ |C |
 You left a mark. (You left a mark.)

B♭ |C |B♭
 She left a mark. (He left,)

 |C |B♭ |C
She left. (He left.)

 |Dm7 |C |B♭maj7 | ‖
And I don't (I don't) need it.

Fallin' for You

Words and Music by
Colbie Caillat and Rick Nowels

Intro   E5 |Emaj7 |A |B |

           E5 |Emaj7 |A |B ||

Verse 1

E5 |Emaj7 |
I don't know, but   I think I may be

A |B |
Fallin for you, dropping so quickly.

E5 |Emaj7 |
Maybe I should   keep this to myself,

A |B
Wait until I know you better.

Pre-Chorus 1

||A |E |F#m7
I am trying not to tell you, but I want to.

|E
I'm scared of what you'll say,

|A |G#m   C#m7
And so I'm hiding what I'm feeling,

|F#m7   E |A   B ||
But I'm tired   of hold - ing this in - side my head.

Chorus 1

E5 |Emaj7 |
I've been spending all my   time just thinking 'bout you.

A |B |
I don't know what to do; I think I'm falling for you.

E5 |Emaj7 |
I've been waiting all my   life, and now I found you.

A |B |E5 |
I don't know what to do; I think I'm falling for you.

Emaj7 |A |B   ‖
I'm falling for you.

Verse 2

E5 |Emaj7 |
As I'm standing here,   and you hold my hand,

A |B |
Pull me towards you, and we start to dance.

E5 |Emaj7 |
All around us,   I see nobody.

A |B
Here in silence, it's just you and me.

Pre-Chorus 2

‖A |E |F♯m7
I'm trying not to tell you, but I want to.

         |E
I'm scared of what you'll say,

         |A |G♯m   C♯m7
And so I'm hiding what I'm feeling,

        |F♯m7 E |A   B   ‖
But I'm tired   of hold - ing this in - side my head.

Repeat Chorus 1

Bridge

C#m | |
Oh, I just can't take it.

F#m | |
My heart is rac - ing.

A |G#m7 |B | ||
Emotions keep spilling out.

Chorus 2

E5 |Emaj7 |
I've been spending all my; time just thinking 'bout you.

A |B |
I don't know what to do; I think I'm falling for you.

E5 |Emaj7 |
I've been waiting all my; life, and now I found you.

A |B |E5 |
I don't know what to do; I think I'm falling for you.

Emaj7 |A |B ||
I'm falling for you.   I think I'm falling for you.

Outro

E5 |Emaj7 |
I guess I'm thinking 'bout it; I want you all around me.

A |B |
And now I just can't hide it; I think I'm falling for you.

E5 |Emaj7 |
I guess I'm thinking 'bout it; I want you all around me.

A |B |
And now I just can't hide it; I think I'm falling for you.

E5 |Emaj7 |A |B |E5 ||
I'm falling for you.

Feelings Show

Words and Music by
Colbie Caillat, Jason Reeves and Mikal Blue

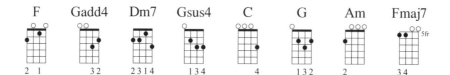

Intro   F |**Gadd4** |**F** |**Gadd4**

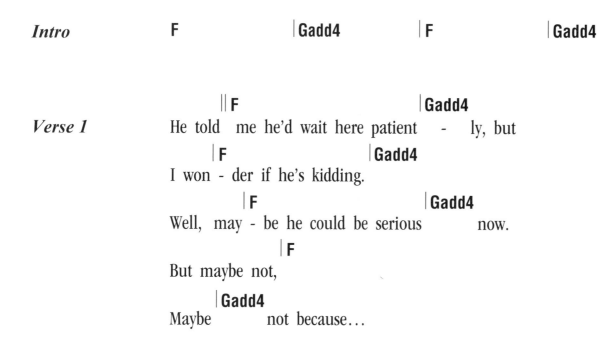

Verse 1

         ‖**F** |**Gadd4**
He told me he'd wait here patient - ly, but

      |**F** |**Gadd4**
I won - der if he's kidding.

       |**F** |**Gadd4**
Well, may - be he could be serious   now.

       |**F**
But maybe not,

   |**Gadd4**
Maybe   not because…

| F   Dm7 |
Chorus 1   Love is crazy, pretty baby; take it real slow.

Gsus4   **C** |
             My feel - ings show.

F   **Dm7** |
             All you have to do is never ever let go.

Gsus4   **C** |
             My feel - ings show.

F   **Dm7** |
             And I want you to know

G |**F** |**Gadd4**
             My feelings show.

             ‖**F** |**Gadd4**
Verse 2   I'm sor - ry it's taken me so   long

                 |**F** |**Gadd4**
             To find   out what I'm feeling.

                 |**F** |**Gadd4**
             I won - der if it will come   to me.

                             |**F**
             But maybe not,

                 |**Gadd4**
             Maybe   not because…

Chorus 2

    F   **Dm7** |
Love is crazy, pretty baby; take it real slow.

Gsus4   **C** |
My feel - ings show.

F   **Dm7** |
All you have to do is never ever let go.

Gsus4   **C** |
My feel - ings show.

F   **Dm7** |
And I want you to know

Gsus4   **C** |
My feelings show.

F   **Dm7** |**Gsus4**   **C**   ‖
How I want you to know.

Bridge

    Am |
What I'm trying to say

Fmaj7 |
Is that I'm feeling a change

C |**G** |
And I'll let it take, oh, over.

Am |
If you need time away,

Fmaj7 |
I won't ask you to stay.

C |**G**   ‖
But I don't wanna lose you.

Chorus 3

      F   **Dm7**

Love is crazy, pretty baby; take it real slow.

Gsus4   **C**

   My feel - ings show.

   F   **Dm7**

All you have to do is never ever let go.

Gsus4   **C**

   My feel - ings show.

Chorus 4

   F   **Dm7**

Love is crazy, pretty baby; take it real slow.

Gsus4   **C**

   My feel - ings show.

   F   **Dm7**

All you have to do is never ever let go.

Gadd4   **C**

   My feel - ings show.

   F   **Dm7**   **Gsus4**   **C**

And I want you to know   my feelings show.

F Dm7   **Gsus4** **C**

Never ever let go.

F Dm7   **Gsus4**   **C**

Never ever let go.   My feelings show.

F Dm7   **Gsus4** **C**   **F**   **Dm7**

Never ever let go.

     Gsus4   **C**

Feelings   show.

     F   **Dm7**

Feelings   show.

     Gsus4   **C**   **F**   **Dm7**   **Gsus4** **C**   **F**

Feelings   show.

I Do

Words and Music by
Colbie Caillat and Toby Gad

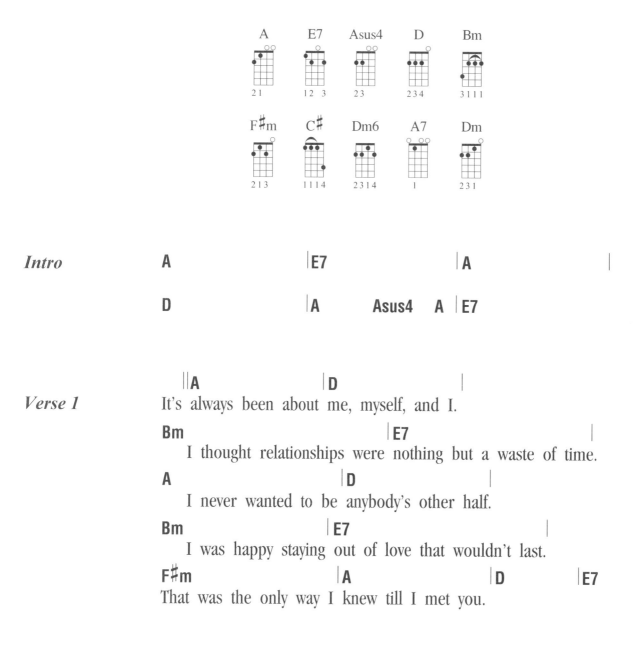

Intro

A | E7 | A |

D | A Asus4 A | E7

Verse 1

||A | D |
It's always been about me, myself, and I.
Bm | E7 |
I thought relationships were nothing but a waste of time.
A | D |
I never wanted to be anybody's other half.
Bm | E7 |
I was happy staying out of love that wouldn't last.
F♯m | A | D | E7
That was the only way I knew till I met you.

Chorus 1

                              ‖ A

You make we wanna say I do, I do,

 |D |Bm |E7

I do, do do do do do do do.

        |A

Yeah, I do, I do,

 |D |Bm |E7

I do, do do do do do do do.

      |F♯m |A |

'Cause every time before it's been like, maybe yes and maybe no;

D |E7 |

   I could live without it,   I could let it go.

F♯m |A |Bm |

Ooh, what did I get   myself into?

E7 |A |E7

   You make we wanna say I   do,   I do,

 |A |D |A   Asus4 A |E7   ‖

I do,   I do,   I do,   I do.

Verse 2

A |D |

Tell me, is it only me? Do you feel the same?

Bm |E7 |

   You know me well enough to know that I'm not playing games.

A |D |

   I promise I won't turn a - round and I won't let you down.

Bm |E7 |

   You can trust I've never felt it like I feel it now.

F♯m |A |Bm |E7

Baby, there's nothing, there's nothing we can't get through.

Chorus 2

           ‖**A**

So can we say I do, I do,

 |**D** |**Bm** |**E7**

I do, do do do do do do do?

          |**A**

Oh, baby, I do, I do,

 |**D** |**Bm** |**E7**

I do, do do do do do do do.

    |**F♯m** |**A** |

'Cause every time before it's been like, maybe yes and maybe no;

Bm |**E7** |

  I won't live without it.   I won't let it go.

F♯m |**A** |**Bm** |**E7**

What more can I get   myself into?

Bridge

                   ‖**Bm** |

You make we wanna say meet my family.

E7 |**C♯** |**F♯m** |

How's your family?   Ooh, can we be a family?

Bm |**E7**

  And when I'm eighty years old,

          |**F♯m** |**D** |

I'm sitting next to you,

Dm6 |

   And we'll remember when we said

Chorus 3

```
    ‖A
I do, I do,
   |D                      |Bm       |E7
I do, do do do do do do do.
              |A
Oh, baby, I do, I do,
   |D                      |Bm       |E7
I do, do do do do do do do.
       |F♯m                          |A                              |
'Cause every time before it's been like, maybe yes and maybe no;
D                      |E7                    |
   I won't live without it.   I won't let us go.
F♯m                    |A            |Bm          |
Just look at what we got   ourselves into.
E7                             |A              |E7
   You make we wanna say I  do,      I  do,
   |A  A7    |D  Dm   |A    Asus4  A |E7      |A        ‖
I do,     I do,       I do,         I  do,   love  you.
```

I Never Told You

Words and Music by
Colbie Caillat, Jason Reeves and Kara DioGuardi

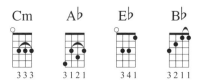

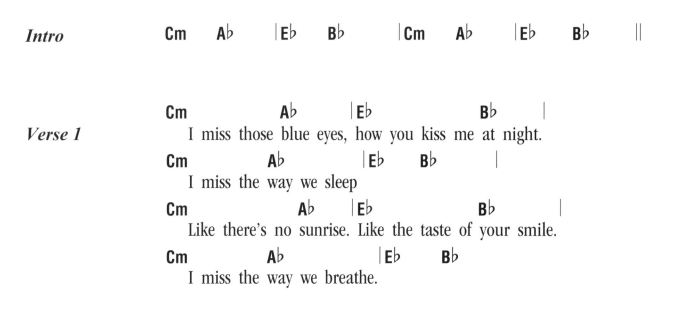

Intro   Cm   A♭ |E♭   B♭ |Cm   A♭ |E♭   B♭   ‖

Verse 1

Cm   A♭ |E♭   B♭ |
I miss those blue eyes, how you kiss me at night.

Cm   A♭ |E♭   B♭ |
I miss the way we sleep

Cm   A♭ |E♭   B♭ |
Like there's no sunrise. Like the taste of your smile.

Cm   A♭ |E♭   B♭
I miss the way we breathe.

Pre-Chorus

‖A♭ |E♭
But I never told you what I should have said.

|A♭ |E♭
No, I never told you; I just held it in.

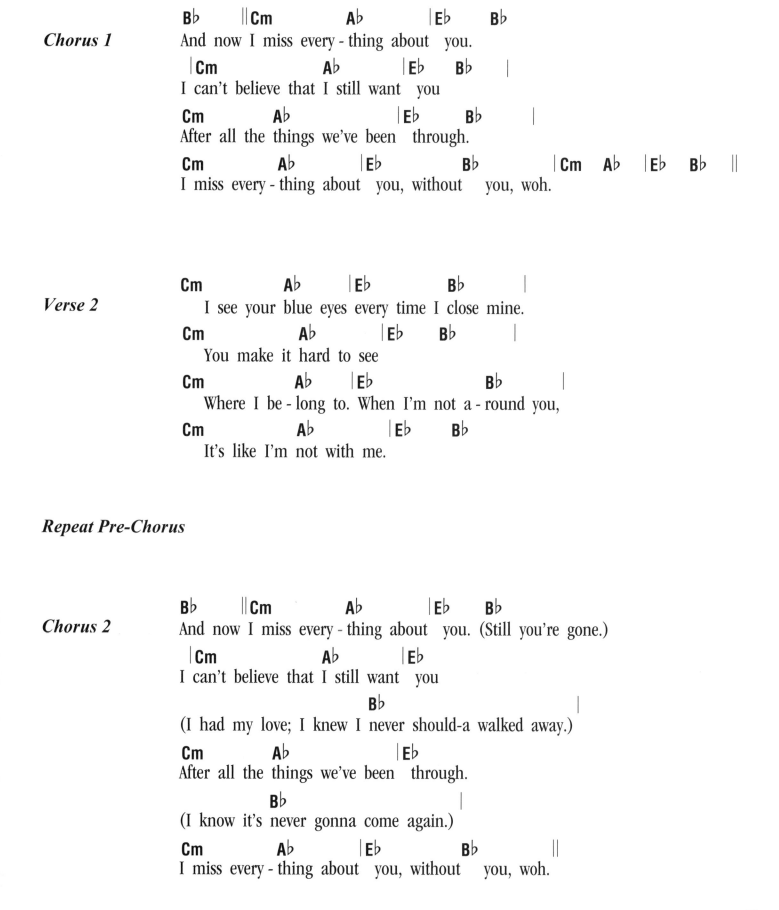

Chorus 1

   B♭   ‖Cm   A♭ |E♭   B♭

And now I miss every - thing about you.

   |Cm   A♭ |E♭   B♭ |

I can't believe that I still want you

 Cm   A♭ |E♭   B♭ |

After all the things we've been through.

 Cm   A♭ |E♭   B♭ |Cm A♭ |E♭ B♭ ‖

I miss every - thing about you, without   you, woh.

Verse 2

 Cm   A♭ |E♭   B♭ |

I see your blue eyes every time I close mine.

 Cm   A♭ |E♭ B♭ |

You make it hard to see

 Cm   A♭ |E♭   B♭ |

Where I be - long to. When I'm not a - round you,

 Cm   A♭ |E♭ B♭

It's like I'm not with me.

Repeat Pre-Chorus

Chorus 2

   B♭   ‖Cm   A♭ |E♭   B♭

And now I miss every - thing about you. (Still you're gone.)

   |Cm   A♭ |E♭

I can't believe that I still want you

                 B♭ |

(I had my love; I knew I never should-a walked away.)

 Cm   A♭ |E♭

After all the things we've been through.

         B♭ |

(I know it's never gonna come again.)

 Cm   A♭ |E♭   B♭   ‖

I miss every - thing about you, without   you, woh.

Interlude   **Cm**   **A♭** |**E♭**   **B♭** |**Cm**   **A♭** |**E♭**   **B♭**

Repeat Pre-Chorus

Repeat Chorus 2

                    Cm   **A♭** |**E♭**   **B♭** |**Cm**   **A♭** |**E♭**   **B♭** |

Outro

                    Cm **A♭** |**E♭**   ‖
                    Mm.

I Won't

Words and Music by
Colbie Caillat, Jason Reeves and Makana Rowan

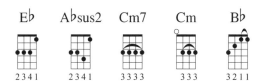

Intro   Eb | |Absus2 | |

Eb | |Absus2 | ||

Verse 1

Eb | |
I won't do what you told me. I won't do what you said, no.

Absus2 | |
I'm not gonna stop feeling. I'm not gonna forget it.

Eb |
I don't wanna start over. I don't wanna pretend

   |Absus2 |
That you are not my lover, that you're only my friend.

Pre-Chorus 1

   ||Cm7 |Absus2
When it took   my heart, you took it all.

   |Cm7 |Absus2 ||
When you gave   it back I fell apart.   So,

Chorus

E♭

I won't do what you told me. I won't do what you said, no.

A♭sus2

I'm not gonna stop feeling. I'm not gonna forget it.

E♭

I don't wanna start over. I don't wanna pretend

| A♭sus2 | E♭

That you are not my lover, that you're only my friend,   friend.

| A♭sus2

I won't.

Verse 2

|| E♭

Oh, maybe you're not right for me.

A♭sus2

Maybe this is hard to see.

E♭

I get lost in your beauty

A♭sus2

And I just stop questioning.

Pre-Chorus 2

| Cm7 | A♭sus2

'Cause when it took   my heart, you took it all.

| Cm7 | A♭sus2 ||

When you gave   it back I fell apart.   So,

Repeat Chorus

Bridge

```
           ‖Cm        B♭                    |A♭sus2
```
You say it's easier to burn than to build.
```
           |Cm        B♭               |A♭sus2
```
You say it's easier to hurt than to heal.
```
              |Cm                      B♭            |A♭sus2
```
But I say you lose when you give up what you love.
```
              |Cm            B♭                |A♭sus2
```
And I've lived my life without you long enough.   So,

Repeat Chorus

Outro

```
              ‖E♭                                        |
```
I won't. (I won't do what you told me.) I won't.
```
  E♭                             |
```
(I won't do what you said, no.)
```
  A♭sus2                        |                         |
```
(I won't do what you told me. I won't do what you said.)
```
  Cm    B♭              |A♭sus2        ‖
```
No,   I won't.

Kiss the Girl
(from Walt Disney's THE LITTLE MERMAID)

Music by Alan Menken
Lyrics by Howard Ashman

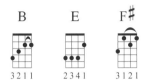

B   E   F#

3 2 1 1   2 3 4 1   3 1 2 1

Intro

B | | | ||

Verse 1

B | |
There you see her,

B | |
Sitting there across the way.

E | |B |
She don't got a lot to say,   but there's something a - bout her.

|F# |E
And you don't   know why, but you're   dying to try.

|B | ||
You wanna   kiss the girl.

Verse 2

B | |
Yes, you want   her.

B |
Look at her; you know you do.

|E | |B |
It's possible she wants you, too.   There's one way to ask her.

|F# |E
It don't   take a word, not a   single word.

|B | ||
Go on and   kiss the girl.

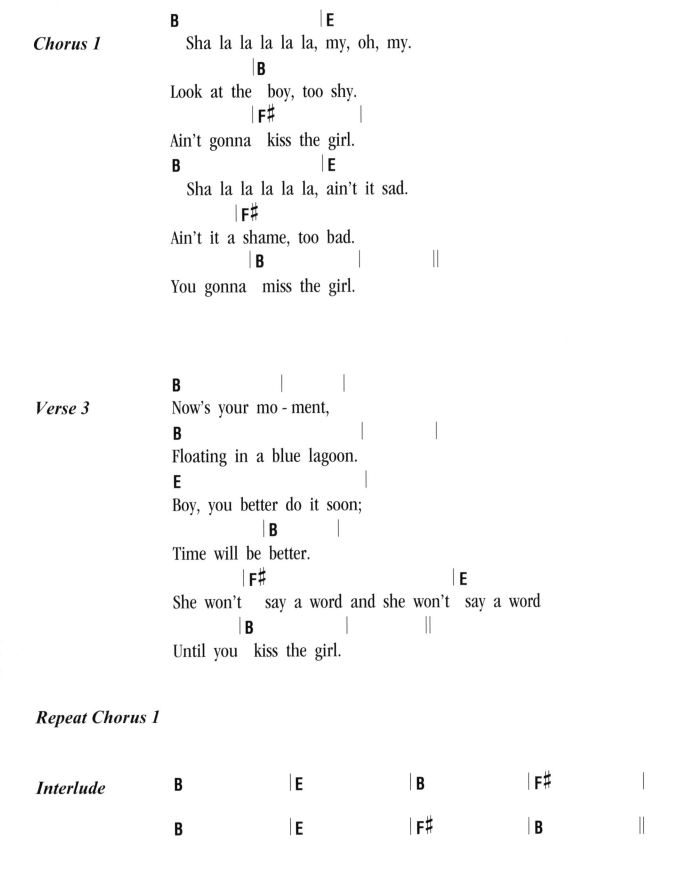

Chorus 1

    B |E

Sha la la la la la, my, oh, my.

       |B

Look at the boy, too shy.

      |F♯ |

Ain't gonna kiss the girl.

B |E

Sha la la la la la, ain't it sad.

    |F♯

Ain't it a shame, too bad.

    |B | ||

You gonna miss the girl.

Verse 3

B | |

Now's your mo - ment,

B | |

Floating in a blue lagoon.

E |

Boy, you better do it soon;

   |B |

Time will be better.

  |F♯ |E

She won't say a word and she won't say a word

   |B | ||

Until you kiss the girl.

Repeat Chorus 1

Interlude   B |E |B |F♯ |

             B |E |F♯ |B ||

Chorus 2

B |**E**

  Sha la la la la la, don't be scared.

        |**B**

You got the   mood prepared;

     |**F♯** |

Go on and   kiss the girl.

B |**E**

  Sha la la la la la, don't stop now.

      |**F♯**

Don't try to   hide it how

     |**B** ||

You wanna   kiss the girl.

Chorus 3

B |**E**

  Sha la la la la la, float along

      |**B**

And listen   to the song;

      |**F♯** |

The song says,   "Kiss the girl."

B |**E**

  Sha la la la la la, music play.

      |**F♯**

Do what the   music say.

     |**B** ||

You wanna   kiss the girl.

Outro

B |E |
You've got to kiss the girl.

B |F♯ |
Oh, won't you   kiss the girl.

B |E |
You've got to kiss the girl.

F♯ |B |
(Kiss the girl), kiss the girl,   (kiss the girl).

B |E |
You've got to kiss the girl.

B |F♯ |
You've got to kiss the girl.

B |E |
Woh, kiss the girl.

F♯ |B ||
(Kiss the girl), kiss the girl,   (kiss the girl).

The Little Things

Words and Music by
Colbie Caillat and Jason Reeves

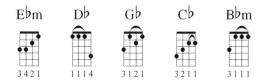

Intro

Ebm   Db |Gb   Cb |Ebm   Db |Gb   Cb ||

Verse 1

Ebm   Db |
The little things you do to me are
Gb   Cb |
    Taking me over.   I wanna show ya
Ebm   Db |
    Everything in - side of me, oh,
Gb   Cb |
Like a nervous heart that   is crazy beating.
Ebm   Db |
    My feet are stuck here   against the pavement.
Gb   Cb |
    I wanna break free;   I wanna make it
Ebm   Db |
    Closer to your eyes,   get your attention
Gb   Cb ||
    Before you pass me by.

Chorus 1

G♭   D♭
Back up, back up. Take   another chance.
         |E♭m   C♭ |
Don't you mess up, mess up. I   don't wanna lose you.
G♭   D♭ |
Wake up, wake up. This   ain't just a thing that you
E♭m   C♭ |
Give up, give up. Don't   you say that I'd be
G♭   D♭ |E♭m   C♭ |
Better off, better off, sleeping by myself and wondering if I'm
G♭   D♭ |E♭m   C♭ ||
  Better off, better off, with - out you, boy.

Interlude

E♭m   D♭ |G♭   C♭ |E♭m   D♭ |G♭   C♭ ||

Verse 2

E♭m   D♭ |
  And every time you notice me by
G♭   C♭ |
  Holding me closely   and saying sweet things,
E♭m   D♭ |
  I don't believe that it could be
G♭   C♭ |
You speaking your mind and   saying the real thing.
E♭m   D♭ |
  My feet have broke free   and I am leaving.
G♭   C♭ |
I'm not gonna stand here feeling lonely, but
E♭m   D♭ |
  I don't regret it   and I don't think it
G♭   C♭ ||
  Was just a waste of time.

Chorus 2

  Gb   Db
Back up, back up. Take another chance.
     |Ebm   Cb |
Don't you mess up, mess up. I don't wanna lose you.
  Gb   Db |
Wake up, wake up. This ain't just a thing that you
 Ebm   Cb |
Give up, give up. Don't you say that I'd be
 Gb   Db |Ebm   Cb |
Better off, better off, sleeping by myself and wondering if I'm
 Gb   Db |Ebm Cb
 Better off, better off, with‑out you, boy.

Bridge

      ||Ebm Bbm|Gb   Cb
Don't just-a leave me hanging on.
      |Ebm Bbm|Gb   Cb ||
Don't just-a leave me hanging on.

Verse 3

 Ebm   Db |
 The little things you do to me are
 Gb   Cb |
 Taking me over. I wanna show ya
 Ebm   Db |
 Everything in‑side of me, oh,
 Gb   Cb |
Like a nervous heart that is crazy beating.
 Ebm   Db |
 My feet are stuck here against the pavement.
 Gb   Cb |
 I wanna break free; I wanna make it
 Ebm   Db |
 Closer to your eyes, get your attention
 Gb   Cb
 Before you pass me by.
      |Ebm Db |Gb   Cb ||
Don't just-a leave me hanging on.

Repeat Chorus 2

Outro

             ‖Gb   Db |Ebm   Cb
Don't just-a leave me   hanging on.
             |Gb   Db |Ebm   Cb
Don't just-a leave me   hanging on.
             |Gb   Db |Ebm   Cb
Don't just-a leave me   hanging on.
             |Gb   Db |Ebm   Cb |Gb   ‖
Don't just-a leave me   hanging on.

Lucky

Words and Music by
Jason Mraz, Colbie Caillat and Timothy Fagan

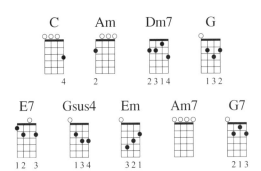

Intro   **C** |

Verse 1

          ||**C** |**Am**
Do you hear me talking to you?
          |**Dm7** |**G** |**E7**
Across the water, across the deep blue ocean,
          |**Am**
Under the open sky.
          |**Dm7** |**G**
Oh, my,   baby, I'm try - ing.

Verse 2

          ||**C** |**Am**
Boy, I hear you in my dreams.
          |**Dm7** |**G**
I feel your whisper across the sea.
          |**E7** |**Am**
I keep you with me in my heart.
          |**Dm7** |**G**   **E7** ||
You make it easier when life gets hard.

Chorus 1

Am |Dm7 |G
     Lucky I'm in   love with my best friend,

                  |C |Am
Lucky to have   been where I have been.

           |Dm7 |Gsus4 |G
Lucky to be coming home a -   gain.

C |Am |Em |G ||
Oo,   oo.

Bridge

Dm7 |Am7 |G
They don't know how long it takes,

          |Dm7 |
Waiting for a love like this.

Dm7 |Am7 |
Every time we say goodbye,

G |Dm7
  I wish we had one more kiss.

 |Dm7 |Am7 |G   Am7 |G7 ||
I'll wait for you, I promise you I will.   I'm

Chorus 2

Am7 |Dm7 |G7
    Lucky I'm in   love with my best friend,

               |C |Am7
Lucky to have   been where I have been.

         |Dm7 |Gsus4 |G |
Lucky to be coming home a -   gain.

Am7 |Dm7 |G7
    Lucky we're in   love in every way,

         |C |Am7
Lucky to have   stayed where we have stayed.

        |Dm7 |Gsus4 |G
Lucky to be coming home some -   day.

Verse 3

          ‖**C** |**Am**
And so I'm sailing through the   sea

      |**Dm7** |**G**
To an island where we'll meet.

            |**E7** |**Am**
You'll hear the music fill the air.

      |**Dm7** |**G**
I'll put a flower in your hair.

Verse 4

          ‖**C** |**Am**
Though the breezes through the trees

      |**Dm7** |**G**
Move so pretty, you're all I see.

      |**E7** |**Am**
As the world keeps spinning 'round,

     |**Dm7** |**G**   **E7**   ‖
You hold me right here, right now.

Repeat Chorus 2

Outro

C |**Am** |**Em** |**G** |
Oo,   oo.

C |**Am** |**Em** |**G** |**C**   ‖
Oo,   oo.

Midnight Bottle

Words and Music by
Colbie Caillat and Jason Reeves

A♭maj7 D♭sus2 B♭m Cm D♭ E♭ D♭maj7 B♭m7

1333   1344   3111   333   1114   341   1114   1111

Intro

A♭maj7 | |D♭sus2 | |

A♭maj7 | |D♭sus2 | ||

Verse 1

A♭maj7 |
Midnight bottle, take me calmly

|D♭sus2 | |
Through my memories and everything will come back to me.

A♭maj7 | |D♭sus2
Midnight bottle, make it real, what feels like make believe,

|D♭sus2
So I can see a little more clearly.

|B♭m |Cm |
Like every single move you make, kissing me so carefully

D♭ |E♭
On the corners of my dreaming eyes.

Chorus 1

‖**A♭maj7**　　　　　　　　　│
I've got a midnight bottle, gonna drink it down.

│**D♭maj7**　　　　　　　│　　　　　　　│**B♭m7**
A one-way ticket takes me to the times we had　　　before,

　　│**B♭m7**　　　　　　　│**E♭**
When everything felt so right.

　│**E♭**
If only for tonight.

　│**A♭maj7**　　　　　　　│
A midnight bottle, gonna ease my pain

　　│**D♭maj7**　　　　　　│　　　　　│**B♭m7**
From all these feelings driving me insane. I think　　of you

　│**B♭m7**　　　　　│**E♭**
And everything's all right.

　│**E♭**
If only for tonight.

Verse 2

　　‖**A♭maj7**　　　│　　　　　　│**D♭sus2**
Got a midnight bottle, drifting off into the candlelight,

　│**D♭sus2**　　　　　　│
Where I can find you any old time.

A♭maj7　　│　　　　│**D♭sus2**　　　　　│
Midnight bottle, I forgot how good it felt to be in a dream,

D♭sus2
Just like you had me.

　│**B♭m**　　　　　│**Cm**　　　　　│
'Cause lately I've been stumbling; it feels like I'm recovering.

D♭　　　　　│**E♭**　　　│
But I think it's only for to - night.

58

Chorus 2

‖**A♭maj7** |

I've got a midnight bottle, gonna drink it down.

|**D♭maj7** | |**B♭m7**

A one-way ticket takes me to the times we had   before,

|**B♭m7** |**E♭**

When everything felt so right.

|**E♭**

If only for tonight.

|**A♭maj7** |

A midnight bottle, gonna ease my pain

|**D♭maj7** | |**B♭m7**

From all these feelings driving me insane. I think   of you

|**B♭m7** |**E♭** |

And everything's all right.

‖**D♭add2** |

Bridge

If only for to - night.

|**E♭** |

If only for to - night.

|**D♭add2** |

Oh, if only for to - night.

|**E♭** |

If only for to - night.

Repeat Chorus 2

‖**D♭maj7** | |

Chorus 2

If only for tonight,   yeah.

D♭maj7 | | |

Midnight bot - tle,

|**D♭maj7** |

Take the time away

|**A♭maj7** ‖

From where we are.

One Fine Wire

Words and Music by
Colbie Caillat, Jason Reeves and Mikal Blue

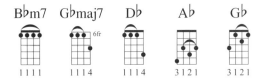

Verse 1

B♭m7 |G♭maj7
I try so   many times
     |D♭ |A♭ |
But it's not taking me.

B♭m7 |G♭maj7
And it seems so   long ago
     |D♭ |A♭
That I   used to believe.

       |B♭m7 |G♭maj7 |D♭ |A♭ |
And I'm   so lost in - side of my head   and crazy.

B♭m7 |G♭maj7 |D♭ |A♭
But I can't get   out of it; I'm just stumbling.

Chorus

     ‖ Gb | Db

And I'm juggling all the thoughts in my head.

     | Ab | Bbm7

I'm juggling and my fear's   on fire.

        | Gb | Db

But I'm listening as it evolves in my head.

     | Ab | Bbm7

I'm balancing on one   fine wire.

        | Gb

And I re‑member the time my balance was fine

    | Db | Ab | Bbm7

And I was just walking on one fine wire.

        | Gb

And I re‑member the time my balance was fine

    | Db | Ab | Bbm7

And I was just walking on one fine wire.

Bridge 1

     ‖ Gb | Db | Gbmaj7 |

And it's   frayed at   both the   ends

     | Gb | Db | Gbmaj7 | ‖

And I'm   slow un‑raveling.

Verse 2

Bbm7 | Gbmaj7 |

   Life plays such   silly games

Db | Ab |

   Inside of me.   Mm.

Bbm7 | Gbmaj7 | Db | Ab

   And I've felt some   distant cries following.

     | Bbm7 | Gbmaj7 |

And they're   entwined   between the night

Db | Ab |

   And sunbeams.

Bbm7 | Gbmaj7 | Db | Ab

   I wish I were   free from this   pain in me.

Repeat Chorus

Bridge 2

‖G♭ |D♭ |G♭maj7 |
And it's frayed at both the ends
 |G♭ |D♭ |G♭maj7 |
And I'm slow un - raveling.

Outro

‖G♭
And I re - member the time my balance was fine
|D♭ |A♭ |B♭m7
And I was just walking on one fine wire.
|G♭
And I re - member the time my balance was fine
|D♭ |A♭ |B♭m7
And I was just walking on one fine wire.
|G♭
And I re - member the time my balance was fine
|D♭ |A♭ |B♭m7
And I was just walking on one fine wire.
|G♭
And I re - member the time my balance was fine
|D♭ |A♭ |B♭m7 |
And I was just walking on one fine wire.
G♭ |D♭ |A♭ |B♭m7 |

G♭ |D♭ |A♭ |B♭m7 ‖

Oxygen

Words and Music by
Colbie Caillat and Jason Reeves

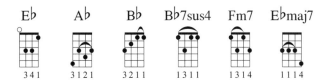

Eb   Ab   Bb   Bb7sus4   Fm7   Ebmaj7

Intro

Eb   Ab |Bb   Ab |Eb   Ab |Bb   Bb7sus4 |

Eb   Fm7 |Ebmaj7   Fm7 |Eb   Fm7 |Ebmaj7   Bb7sus4 ||

Verse 1

Eb   Fm7 |Ebmaj7   Fm7 |
I came apart   inside a world   made of an - gry people.
Eb   Fm7 |Ebmaj7   Bb7sus4 |
I found a boy   who had a dream,   making ev - 'ryone smile.
Eb   Fm7 |Ebmaj7   Fm7 |
He was sun - shine; I   fell over
Eb   Fm7 |Ebmaj7   Fm7 |
My feet   like bricks   under   water.
Ab   Bb |Ab |Bb
And how am I sup - posed to tell you how I feel? I need ox - ygen.

Chorus 1

||Eb |Bb
Oh, baby, if I was your lady,
                        |Ab
I would make you hap   -   py.
            |Bb
I'm nev   -   er gonna leave, never gonna leave.
      |Eb |Bb
Oh, baby, I will be your lady.
                        |Ab |Bb ||
I am going cra   -   zy   for you.

Verse 2

```
       E♭              Fm7          |E♭maj7              Fm7              |
       And so I found     a state of mind        where I could     be speechless.
       E♭              Fm7          |E♭maj7              B♭7sus4           |
       I had to try    it for a while        to figure out    this feeling.
       E♭     Fm7  |E♭maj7      Fm7          |
       This felt so right, pulled me upside
       E♭              Fm7          |E♭maj7              B♭7sus4           |
       Down to     a place        where you've    been waiting.
       A♭                        B♭                   |A♭          |B♭
       And how am I sup-posed to tell you how I feel? I need ox   -   ygen.
```

Chorus 2

```
       ‖E♭                |B♭
       Oh, baby, if I was your lady,
                                |A♭
       I would make you hap   -   py.
              |B♭
       I'm nev   -   er gonna leave, never gonna leave.
          |E♭                |B♭
       Oh, baby, I will be your lady.
                        |A♭              |B♭
       I am going cra   -   zy   for you.
```

Bridge

```
       ‖A♭                        |B♭
       And you don't wanna keep me wait - ing,
                        |A♭                |B♭
       Staring at my fin - gers, feeling like a fool.
```

Chorus 3

‖ E♭ | B♭
Oh, baby, I will be your lady.

                              | A♭
I will make you hap - py.

        | B♭
I'm nev - er gonna leave, never gonna leave.

| E♭ | B♭
Oh, baby, I will be your lady.

                    | A♭ | B♭
I am going cra - zy,   yeah.

Outro

                  ‖ E♭   Fm7 | E♭maj7   Fm7 |
Oh, oh, oh, oh.   Oh, oh, oh, oh.   Oh, oh, oh.

E♭   Fm7 |
Tell me what you want, baby, tell me what you need.

E♭maj7   B♭7sus4 |
Anything I ask, baby, give it to me.

E♭   Fm7 | E♭maj7   Fm7 |
  Baby, give it to me, give it to me.

E♭   Fm7 | E♭maj7   Fm7 |
  I came apart   inside a world   made of an - gry people.

E♭   Fm7 | E♭maj7   Fm7 | E♭ ‖
I found a boy   who had a dream,   making ev - 'ryone smile.

Rainbow

Words and Music by
Colbie Caillat and Jason Reeves

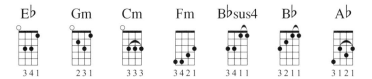

Verse 1

E♭ |Gm Cm
I'm still feeling the rain fall,

Fm |B♭sus4 B♭ |
Bouncing off my skin.

E♭ |Gm Cm
How long do I have to wait for

 |Fm |B♭sus4 B♭ |
The sun to shine again?

E♭ |Gm Cm
Come out paint me a rain - bow

 |Fm |B♭sus4 B♭
So I can follow it.

 |E♭ |Gm Cm
I don't know where it'll take me,

 |Fm |B♭sus4
But I like wondering.

Chorus 1

   B♭   **‖E♭**
Who - ever you are,

      |Gm
Where will you be?

Cm   **|Fm**   **|B♭sus4 B♭** **|E♭**
Are you the same old dreamer out there waiting only for me,

     |Gm
Waiting for love,

Cm   **|Fm**   **|B♭sus4**
Waiting for the same old dreamer on the other side,

B♭   **|Cm** **B♭**   **|E♭**   **|A♭**   **|**
Hoping that no matter how far, I'm gonna find my way to you?

B♭sus4   **|E♭**
Following a rainbow.

   |Gm **Cm**   **|Fm**   **|B♭sus4 B♭** **‖**
Oh, oh,   oh, oh,   yeah.

Verse 2

   E♭   **|Gm** **Cm**
I'm gonna stop in the mid - dle,

  |Fm   **|B♭sus4 B♭**
Hang my feet off the edge.

|E♭   **|Gm** **Cm**
I got no reason to wor - ry;

|Fm   **|B♭sus4 B♭**
I know I'll find the end.

  |E♭   **|Gm** **Cm**
And that's where you'll be wait - ing.

|Fm   **|B♭sus4 B♭**
I hope you don't forget

  |E♭   **|Gm** **Cm** **|**
That I won't quit till I find you,

Fm   **|B♭sus4**
No matter the risk.

Repeat Chorus 1

Bridge

A♭ |Cm |
   Stuck in my mind,   I'm wasting time.

E♭ |B♭
   Still on my own.

             |A♭ |
I never thought that I would find my way

Cm |E♭ |B♭ |
   Into the light, dreaming to find…

Chorus 2

          ||E♭
Whoever you are,

          |Gm
Where will you be?

Cm |Fm |B♭sus4 B♭ |E♭
Are you the same old dreamer on the other side waiting for me,

        |Gm
Waiting for love,

Cm |Fm |B♭sus4
Waiting for the same old dreamer on the other side,

B♭ |Cm   B♭ |E♭ |A♭ |
Hoping that no matter how far, I'm gonna find my way to you?

B♭sus4 |E♭ |Gm Cm |Fm |
Following a rainbow.   Oh, oh, oh,   woh. Yeah.

B♭sus4 B♭ |E♭ |Gm Cm
Yeah, yeah, yeah, yeah,   yeah.

    |Fm |B♭sus4   B♭
I know   I'm gonna find ya. I know,

Outro

||E♭ |Gm   Cm

I know I'm gonna find ya. I know   I'm gonna find ya.

          |Fm |B♭sus4 B♭

I'm nev - er gonna let you go.

         |E♭ |Gm   Cm

I know I'm gonna find ya. I know   I'm gonna find ya.

 |Fm |B♭sus4 B♭

I   won't let you go.

       |E♭ |Gm   Cm

I'm fol - lowing, I'm fol - lowing,

       |Fm |B♭sus4   B♭

I'm fol - lowing a rainbow. (I'm fol - lowing a rainbow.)

       |E♭ |Gm   Cm

I'm fol - lowing, I'm fol - lowing,

       |Fm |B♭sus4   B♭

I'm fol - lowing a rainbow. (I'm fol - lowing a rainbow.)

       |E♭ |Gm   Cm

I'm fol - lowing, I'm fol - lowing,

       |Fm |B♭sus4   B♭

I'm fol - lowing a rainbow. (I'm fol - lowing a rainbow.)

       |E♭ |Gm   Cm

I'm fol - lowing, I'm fol - lowing,

       |Fm |B♭sus4   B♭

I'm fol - lowing a rainbow. (I'm fol - lowing a rainbow.)

       |E♭ |Gm   Cm

I'm fol - lowing, I'm fol - lowing,

       |Fm |B♭sus4   B♭ |E♭ ||

I'm fol - lowing a rainbow. (I'm fol - lowing a rainbow.)

Realize

Words and Music by
Colbie Caillat, Jason Reeves and Mikal Blue

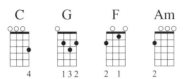

Verse 1

C |
Take time to realize
G |
That your warmth is
F   Am |G |
Crashing down   on in.
C |
Take time to realize
G |
That I am on your side.
F   Am |G   ‖
Didn't I, didn't I tell you?

Pre-Chorus

F   Am |
But I can't spell it out for you.
G |
No, it's never gonna be that simple.
F   Am |G
No, I can't spell it out for you.

Chorus 1

```
               ‖C                    G
If you just realize what I just realized,
                |Am                            F
Then we'd be perfect for each other and we'll never find another.
     |C           G
Just realize what I just realized.
     |Am                   F                        |
We'd never have to wonder if we missed out on each other now.
C           G        |Am         F              ‖
```

Verse 2

```
     C                          |
       Take time to realize,
     G                            |
       Oh, oh, I'm on your side.
     F         Am           |G            |
       Didn't I,  didn't I tell  you?
     C                          |
       Take time to realize
     G                          |F        Am
       This all can pass you by.
                 |G             ‖
Didn't I tell  you?
```

Repeat Pre-Chorus

Chorus 2

```
               ‖C                    G
If you just realize what I just realized,
                |Am                            F
Then we'd be perfect for each other and we'll never find another.
     |C           G
Just realize what I just realized.
     |Am                   F                        ‖
We'd never have to wonder if we missed out on each other but…
```

Bridge

```
Am           G        |
   It's not the same,
F                      G
   No, it's never the same
 |Am  G    C    |F              |
If you don't feel it too.
Am                     G        |
   If you meet me halfway,
F                              G
   If you would meet me half - way,
          |Am G   C          |F
It could be the same for you.
```

Chorus 3

```
               ‖C              G
If you just realize what I just realized,
                  |Am                    F
Then we'd be perfect for each other and we'll never find another.
   |C            G
Just realize what I just realized.
    |Am                  F
We'd never have to wonder.
   |C            G       |Am          F
Just realize what I just realized.
         |C              G       |Am          F
If you just realize what I just realized…
```

Outro

```
       |C        G       |Am
Oo,    oo.
F                              |C
Missed out on each other now,
    |G                          |Am          F         |
We missed out on each other now,     ow, ow,  yeah.
C   G      |Am         F     |C        G
   Real - ize, real - ize, real - ize, real - ize,
          |Am    F    |C          |G         |F    Am      |G          ‖
Oo, oo.
```

72

Runnin' Around

Words and Music by
Colbie Caillat and Rick Nowels

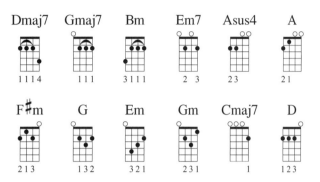

Intro

Dmaj7 Gmaj7 |Dmaj7 Gmaj7 |Dmaj7 Gmaj7 |Dmaj7 Gmaj7 |

Dmaj7 Gmaj7 |Dmaj7 Gmaj7 |Dmaj7 Gmaj7 |Dmaj7 Gmaj7 ||

Verse 1

Dmaj7 Gmaj7 |Dmaj7   Gmaj7 |Dmaj7 Gmaj7 |Dmaj7 Gmaj7
I'm just thinking 'bout the time when I met you,

　|Dmaj7   Gmaj7 |Dmaj7   Bm |Em7 |Asus4   A |
And now I'm thinking 'bout how I can't for - get you.

Bm   F#m |G   A |
You had my heart from the start but it faded.

Bm   F#m |G   A |
　I needed space, wanted someone else.

Em |F#m |
I had to leave you just to realize that I miss you.

G |Gm
Now I don't know what I did.

Chorus 1

‖**Dmaj7**   **Gmaj7** |**Dmaj7**   **Gmaj7**
I'm running around,   ba - by.

 |**Dmaj7**   **Gmaj7** |**Dmaj7**   **Gmaj7**
I'm running around   without   you, ba - by.

 |**Em** |**F♯m**
I'm running around all   over town.

  |**G**
But I look everywhere and no one compares

  |**A** |**Dmaj7**   **Gmaj7** |
'Cause nothing's as good if I'm without you,   oh.

Dmaj7 Gmaj7 |**Dmaj7 Gmaj7** |**Dmaj7 Gmaj7** ‖

Verse 2

Dmaj7 Gmaj7 |**Dmaj7**   **Gmaj7** |**Dmaj7 Gmaj7**|**Dmaj7 Gmaj7**
I am hoping that you try to for - give me,

 |**Dmaj7 Gmaj7** |**Dmaj7**   **Bm** |**Em7** |**Asus4** **A** |
And maybe we could fall in love again com - pletely.

Bm   **F♯m** |**G**   **A** |
You have my heart; don't you ever for - get that.

Bm   **F♯m** |**G**   **A** |
  I'm coming back, boy; I promise you.

Em |**F♯m** |
I had to leave you just to realize that I need you.

G |**Gm**   ‖
Now I'm changing, I can't take this

Chorus 2

Dmaj7   Gmaj7 | Dmaj7 Gmaj7
Running around,   ba - by.

   | Dmaj7   Gmaj7 | Dmaj7   Gmaj7
I'm running around   without   you, ba - by.

  | Em | F♯m
I'm running around all   over town.

    | G
But I look everywhere and no one compares

      | A | Dmaj7 Gmaj7 | Dmaj7
'Cause nothing's as good if I'm without you.

Bridge

          Gmaj7 || Cmaj7 |
Do you think that I

Cmaj7 | Bm |
    Could have one more try?

Bm | Em |
  I promise you that I

F♯m | A | ||
  Will always stand by you 'cause I am through with

Chorus 3

Dmaj7   Gmaj7 | Dmaj7 Gmaj7
Running around,   ba - by.

   | Dmaj7   Gmaj7 | Dmaj7   Gmaj7
I'm running around   without   you, ba - by.

  | Em | F♯m
I'm running around all   over town.

    | G
But I look everywhere and no one compares

    | A
'Cause nothing's as good.

Chorus 4

‖**Dmaj7**   **Gmaj7** │**Dmaj7**   **Gmaj7**
I am running around,   ba - by.

│**Dmaj7**   **Gmaj7**   │**Dmaj7**   **Gmaj7**
I'm running around   without   you, ba - by.

│**Em**   │**F♯m**
I'm running around, got my feet   on the ground

      │**G**
And I'm missing your face. I'm going insane

      │**A**   │**Dmaj7 Gmaj7** │
'Cause nothing's as good if I'm without you,   oh.

Dmaj7 Gmaj7 │**Dmaj7 Gmaj7** │**Dmaj7**

Gmaj7│**Em**   │**F♯m**
I am   running around all   over town.

      │**G**
But I look everywhere and no one compares

      │**A**   ‖
'Cause nothing's as good if I'm without

Outro   **Dmaj7 Gmaj7** │**Dmaj7 Gmaj7** │**Dmaj7 Gmaj7** │**Dmaj7 Gmaj7** │
You.

Em   │**F♯m**   │**G**   │**Asus4 A**   │**D**   ‖

Think Good Thoughts

Words and Music by
Colbie Caillat, Toby Gad and Kara DioGuardi

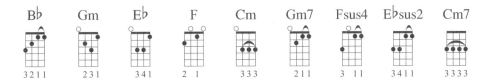

Intro

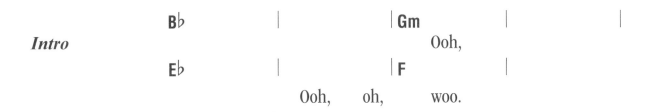

Bb | | Gm | |

Ooh,

Eb | | F |

Ooh, oh, woo.

Verse 1

||Bb |

I'm just gonna say it;

|Gm |

There's no use in delaying.

|Eb |

I'm tir - ed of the angry

|F |

Hang - ing out inside me.

|Bb |

So I'll qui - et down the devil;

|Gm |

I'm gonna knock him with a shovel,

|Eb |

And I'll bur - y all my troubles

|F |

Un - derneath the rubble.

Pre-Chorus 1

‖Eb   Bb |Cm |
When I'm a - lone in my dark, dark room,

Eb   Bb |F | ‖
I have to tell myself to

Chorus 1

Eb |Bb
Think good thoughts, think   good thoughts.

 |F |Gm |
I - magine what the world would be if we, we, we, we just

Eb |Gm7 |F |Fsus4 F
Think good thoughts, starve   the bad from feed - ing. Oh,

 |Eb |Bb
I won't let the negativity turn me into my enemy,

 |F |Gm |Eb
And promise to myself that I won't let it get the best of me.

 |Bb |F |
That's how I want to be.

Fsus4   F |Eb |Bb |F |
Na na na na na na na na na na na na na na na.

Gm |Eb |Bb |F |
Na na na na na na na na na na na na na na na.

Verse 2

‖Bb |
I'm not saying that it's easy,

 |Gm |
Espe - cially when I'm moody.

 |Eb |
I might be cursing like a sailor

 |F |
Till I remind myself I'm better.

 |Bb |
'Cause words can be like weapons,

 |Gm |
Oh, when you use them, you regret them.

 |Eb |
Oh, but I'm not gonna let them,

 |F |
Take away my heaven.

Pre-Chorus 2

‖Eᵇ   Bᵇ |Cm
And when I start feeling blue,

|Eᵇ   Bᵇ |F | ‖
I re - member to tell myself to,   woh,

Chorus 2

Eᵇ |Bᵇ
Think good thoughts, think good thoughts.

|F |Gm |
I - magine what the world would be if we, we, we, we just

Eᵇ |Gm7 |F |Fsus4   F
Think good thoughts, starve   the bad from feed - ing. Oh,

|Eᵇ |Bᵇ
I won't let the negativity turn me into my enemy,

|F |Gm |Eᵇ
And promise to myself that I won't let it get the best of me.

|Bᵇ |F |Fsus4
That's how I want to be.

Bridge

F   ‖Eᵇsus2 |Bᵇ |Cm7
I just think of rain on a summer night, stars filling up the sky,

|Gm7 |Eᵇsus2 |
The sun shining on my face, making a secret wish,

Bᵇ |Cm7 |
Finding my happiness

Bᵇ |Eᵇsus2 |Bᵇ |Cm7 |Bᵇ
That always makes me hold my head up high.

|Eᵇsus2 |Bᵇ |Cm7 |F
I wanna hold my head up high.

Chorus 3

             ‖**E♭** |**B♭**

Oh, I wanna think good thoughts. Oh,

    |**F** |**Gm** |**E♭** |

I - magine what the world would be if we, we, we, we just…

Gm7 |**F** |**Fsus4**   **F**

Wouldn't that be some - thing? Oh,

       |**E♭** |**B♭**

I won't let the negativity turn me into my enemy,

     |**F** |**Gm** |**E♭**

And promise to myself that I won't let it get the best of me.

       |**B♭** |**F** |

That's how I want to be.

Fsus4   **F** |**E♭** |**B♭** |**F** |

    Na na na na na na na na na na na na na na na.

Gm |**E♭** |**B♭** |**F** |

  Na na na na na na na na na na na na na na na.

B♭ |**E♭** |**B♭** |**F** |

  Na na na na na na na na na na na na na na na.

Gm |**E♭** |**B♭** |**F** |

  Na na na na na na na na na na na na na na na.

Gm |**E♭** |**B♭** |**F** |

  Na na na na na na na na na na na na na na na.

Gm |**E♭** |**B♭** |**Tacet**   ‖

  Na na na na na na na na na na na na na na na.

Tied Down

Words and Music by
Colbie Caillat and Jason Reeves

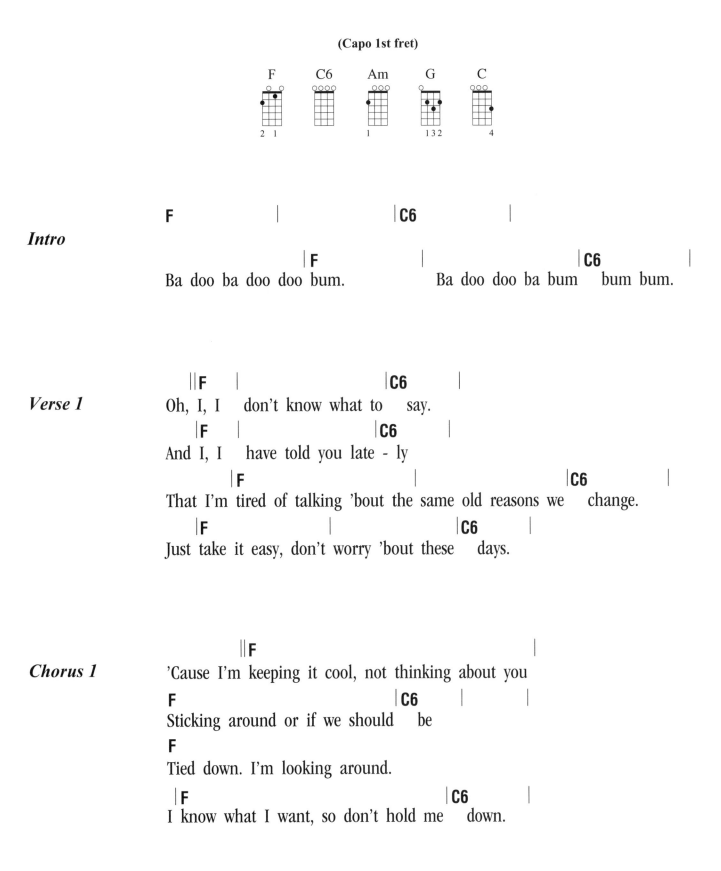

(Capo 1st fret)

F   C6   Am   G   C

Intro

F | |C6 |

|F | |C6 |
Ba doo ba doo doo bum.   Ba doo doo ba bum   bum bum.

Verse 1

||F | |C6 |
Oh, I, I   don't know what to   say.
|F | |C6 |
And I, I   have told you late - ly
|F | |C6 |
That I'm tired of talking 'bout the same old reasons we   change.
|F | |C6 |
Just take it easy, don't worry 'bout these   days.

Chorus 1

||F |
'Cause I'm keeping it cool, not thinking about you
F |C6 | |
Sticking around or if we should   be
F
Tied down. I'm looking around.
|F |C6 |
I know what I want, so don't hold me   down.

Verse 2

```
          ‖F    |               |C6        |
Oh, I, I,    I don't play    games.
          |F    |               |C6        |
And I, I,    I have been learn - ing
            |F                |              |C6        |
To just let it all go and stay quiet when I feel like speak - ing
          |F                |              |C6        |
My mind on whatever it is I need to make clear and just    say
```

Chorus 2

```
            ‖F                        |
That I'm keeping it cool, not thinking about you
F                          |C6      |        |
Sticking around or if we should    be
F
Tied down. I'm looking around.
    |F                          ‖
I know what I want, so don't hold me
```

Bridge

```
Am      G      |C        |
     Down,
Am      G      |C        |
Down,
Am   G     |C              |G      |
Down.   Don't  you hold me down.         Woh, woh,
```

Repeat Chorus 1

Verse 3

```
          ‖F    |                |C6          |
```
Oh I, I,   I can't take   it.
```
       |F            |                |C6          |
```
So please, please,   won't you lis - ten
```
          |F
```
To the troubles all around me.
```
       |F                          |C6          |
```
I get caught up and I'm barely breath - ing.
```
          |F              |                    |C6          |
```
But I'm finding that holding on is harder than never leav - ing.

Outro

```
          ‖F    |                |C6          |
```
Oh I, I.   Oh, woh, oh, oh.
```
       |F      |          |C6          |
```
Oh, I, oh, I, oh, oh.
```
          |F                  |          |C6          ‖
```
Bum ba dum dum dum   dum.

What If

Words and Music by
Colbie Caillat, Jason Reeves and Rick Nowels

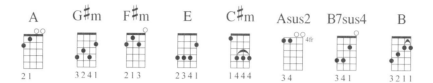

Intro   A   G♯m |F♯m   E |A   G♯m |F♯m   C♯m ||

Verse 1

         A   G♯m |F♯m   E |A   G♯m
                   I see   you stand-ing over there.
                |F♯m   E |A   G♯m
         You look   around without a care.
         |F♯m   E
         I   pretend you notice me;
          |A   G♯m |F♯m   E ||
         I look in your eyes and I'm what you see.

Pre-Chorus 1

         C♯m | |G♯m |
                   Is it made up in   my mind?
         G♯m |Asus2 |
             Am I just wast   -   ing time?
         Asus2 |B7sus4 | ||
             I think this could   be love; I'm se - rious.

Chorus

```
    A   G♯m            |F♯m      E          |
        What if we were made for each other,
    A   G♯m            |F♯m      C♯m        |
        Born to become best friends and lovers?
    A   G♯m            |F♯m          E
        I want to stay right    here in this moment
            |A       G♯m      |F♯m    C♯m        |
    With you over and over and o - ver again.
    A   G♯m  |F♯m         E        |A    G♯m     |F♯m  C♯m    ||
        What if this could be  real love,  love,     love?    Yeah.
```

Verse 2

```
    A   G♯m        |F♯m           E                |A   G♯m
            I write     our names down in the sand,
        |F♯m      E          |A    G♯m
    Pic  -  turing  all our plans.
        |F♯m        E          |A
    I close      my eyes and I can see you,
            G♯m                |F♯m    E       ||
    And you ask, "Will you mar - ry me?"
```

Pre-Chorus 2

```
    C♯m         |                |G♯m            |
            Is it made up in      my mind?
    G♯m                   |Asus2            |
        Am I crazy just wast  -   ing time?
    Asus2                 |B7sus4           |           ||
        I think this could      be love; I'm se - rious.
```

Repeat Chorus

Bridge

```
F♯m    C♯m      |B   E
I don't know what  to think.
 |F♯m    C♯m       |B   E
Is      this real or just  a dream?
 |F♯m    C♯m           |B       E
In      my heart is where  you'll be.
      |Asus2                |       |B       |N.C.     ||
I'll        keep waiting till  we meet.
```

Repeat Chorus

Outro

```
A    G♯m              |F♯m       E              |
     Boy, you know you really make my heart stop,
A       G♯m    |F♯m   C♯m          |A   G♯m
Stop,      stop.
      |F♯m       E         |A   G♯m
Oh, what      if this is real love?
      |F♯m       C♯m       |A   G♯m
Oh, what      if this is real love?
      |F♯m           E          |A       G♯m          |
Oh, boy,      you make my heart stop,   you make my heart stop,
F♯m           C♯m         |A   G♯m
     You make my heart stop.
     |F♯m   E        |A    G♯m
Yeah.
     |F♯m   C♯m   |A    G♯m
Oh,      oh,    oh.
     |F♯m   E   |A   G♯m
Oh,      oh, oh,     oh.
     |F♯m   C♯m   |A   G♯m       |F♯m   E       ||
Oh,      oh,    oh.                    Yeah.
```

You Got Me

Words and Music by
Colbie Caillat and John Shanks

G   D   Em7   C   Dsus4   Dsus2   Em   Am

1 3 2   1 2 3   2 3   4   1 2 4   1 2   3 2 1   1

Intro

G |D |Em7 |D ||

Verse 1

G |D |
   You're stuck on me and my laughing eyes.

Em7 |D
   I can't pretend, though I try to hide

  |G |D
I like you.

   |Em7 |D ||
I like   you.

Verse 2

G |D |
   I think I felt my heart skip a beat.

Em7 |D
   I'm standing here and I can hardly breathe.

  |G |D
You got me. Yeah,

   |Em7 |D ||
You got   me.

Pre-Chorus 1

C |G |D   Dsus4 |D   Dsus2 |
   The way you take my hand is just so sweet.

C |G |D   Em7 |D ||
   And that crooked smile of yours,   it knocks me off my feet.

Chorus 1

G |D |
Oh, I just can't get enough.

Em |C |
  How much do I need to fill me up?

G |D |
  It feels so good, it must be love.

Em |C
  It's everything that I've been dreaming of.

    |G |D
I give up. I give in. I'll let go. Let's begin

      |Em |C |
'Cause no mat - ter what I do,   oh,

   |D |G |D ||
My heart is filled with you.

Verse 3

G |D |
  I can't imagine what it'd be like

Em7 |D
  Living each day in this life

   |G |D
Without you, oh,

   |Em7 |D ||
Without   you.

Pre-Chorus 2

C |G |D Dsus4 |D Dsus2 |
  One look from you, I know you understand.

C |G |D Em7 |D ||
  This mess we're in, you know, is just so   out of hand.

Repeat Chorus 1

Bridge

      Am |**Em7** |**D** | |

I hope we al - ways feel this way.   (I know we will.)

      Am |**Em7** |**D** | | ||

And in my heart   I know that you'll always stay.

Chorus 2

      G |**D** |

Oh, I just can't get enough.

      Em |**C** |

How much do I need to fill me up?

      G |**D** |**Em** |**C**

It feels so good, it must be love.

          |**G** |**D**

I give up. I give in. I'll let go. Let's begin

        |**Em** |**C** ||

'Cause no mat - ter what I do…

Chorus 3

G |**D** |
Oh, I just can't get enough.

Em |**C** |
How much do I need to fill me up?

G |**D** |
It feels so good, it must be love.

Em |**C**
(It's everything that I've been dreaming of.)

     |**G** |**D**
I give up. I give in. I'll let go. Let's begin

       |**Em** |**C** |
'Cause no mat - ter what I do,   oh,

   |**D** |**G** |**D**
My heart is filled with you.   Oh,

  |**Em** |**C** |**G**
You got   me, you got   me. Oh,

  |**D** |**Em** |**C** ||
Oh,   you got   me, you got   me.

More Great Piano/Vocal Books

FROM CHERRY LANE

For a complete listing of Cherry Lane titles available,
including contents listings, please visit our web site at

www.cherrylane.com

See your local music dealer or contact:

7777 W. BLUEMOUND RD. P.O. BOX 13819 MILWAUKEE, WI 53213

Prices, contents and availability subject to change without notice.

0512

WITH cherry lane music company

GUITAR

SARA BAREILLES
00102354..$12.99

ZAC BROWN BAND
02501620..$12.99

COLBIE CAILLAT
02501725..$14.99

CAMPFIRE FOLK SONGS
02500686..$10.99

CHRISTMAS CAROLS
02500631..$6.95

COUNTRY
02500755..$9.95

JOHN DENVER COLLECTION
02500632..$9.95

50 CHILDREN'S SONGS
02500825..$7.95

THE 5 CHORD SONGBOOK
02501718..$9.99

FOLK SONGS
02501482..$9.99

FOLK/ROCK FAVORITES
02501669..$9.99

40 POP/ROCK HITS
02500633..$9.95

THE 4 CHORD SONGBOOK
02501533..$10.99

HITS OF THE '60S
02501138..$10.95

HITS OF THE '70S
02500871..$9.99

HYMNS
02501125..$8.99

JACK JOHNSON
02500858..$14.99

DAVE MATTHEWS BAND
02501078..$10.95

JOHN MAYER
02501636..$10.99

INGRID MICHAELSON
02501634..$10.99

THE MOST REQUESTED SONGS
02501748..$10.99

JASON MRAZ
02501452..$14.99

ROCK BALLADS
02500872..$9.95

THE 6 CHORD SONGBOOK
02502277..$10.99

UKULELE

COLBIE CAILLAT
02501731..$10.99

JOHN DENVER
02501694..$10.99

JACK JOHNSON
02501752..$10.99

JOHN MAYER
02501706..$10.99

INGRID MICHAELSON
02501741..$10.99

THE MOST REQUESTED SONGS
02501453..$10.99

JASON MRAZ
02501753..$14.99

SING-ALONG SONGS
02501710..$10.99

See your local music dealer or contact:

7777 W. BLUEMOUND RD. P.O. BOX 13819 MILWAUKEE, WI 53213

Prices, content, and availability subject to change
without notice.

0512